W0364724

Vuillemin

PLAISIR D'OFFRIR

l'Echo des Savanes/Albin Michel

Chez le même éditeur

TRAGIQUES DESTINS
LES SALES BLAGUES DE L'ÉCHO
LES SALES BLAGUES DE L'ÉCHO 2
LE MEILLEUR DE MOI-MÊME

De Vuillemin et Berroyer

RAOUL TEIGNEUX CONTRE LES DRUZES

© SEFAM, 1990
22, rue Huyghens 75014 Paris
ISBN 2-226-03980-5

SABRINA ET LE MONSTRE DE L'OCÉAN

NOUS RETROUVONS SABRINA DANS SA GRANDE QUÊTE DE L'AMOUR... DÉÇUE PAR LES HOMMES, LE COEUR BRISÉ (VOIR "UN DENOMMÉ WALTER") SABRINA, FUYANT À TOUT JAMAIS LIDO PLAGE, S'EXILE À MARINA PLAGE... LÀ CONFRONTÉE NUE À L'IMMENSITÉ OCÉANE, ELLE INTERROGE LE DESTIN SUR LE SENS DE SA QUÊTE...

SABRINA SE RHABILLE PRÉCIPITAMMENT POUR REPRENDRE SA QUÊTE AVANT QUE ÇA FERME…
AU GRAND BLEU
POURVU QUE ÇA SOYE ENCORE OUVERT…
TARIF
LEÇONS DE PLONGÉE VISITE SOUS MARINE
BONJOUR. JE…
OUAIS? VOUS…?
TROUBLÉE PAR LE REGARD DE L'HOMME DES GRANDS FONDS, SABRINA NE PEUT ACHEVER SA PHRASE…
C'EST COMME SI J'ÉTAIS NUE DEVANT LUI…
?
ET AVANT QU'ELLE NE REPRENNE, L'HOMME L'A DÉJÀ SONDÉE ET LUI PARLE DE SON PASSÉ!!!
CE SONT LES FAYOTS QUE VOUS AVEZ MANGÉS À MIDI QUI VOUS METTENT DANS CET ÉTAT?
VOUS LISEZ EN MOI COMME DANS UN LIVRE ET ÇA ME FAIT PEUR… MAIS LE DESTIN VOUS A PLACÉ SUR MON CHEMIN… J'AI BESOIN DE VOUS…
?QUI C'EST ÇA?
…JE SAIS PAS MAIS ÇA A FOUTU SA CULOTTE À L'ENVERS
VOUS SEUL POUVEZ M'AIDER À RETROUVER LA PARTIE DE MOI-MÊME QUI GIT AU FOND DE L'OCÉAN! VOUS SEUL
SI ELLE RETROUVE MON TUBA RAMÈNE LE-MOI… À DEMAIN PAUL…
RENÉ À DEMAIN…
BON! À NOUS! VOUS AVEZ DÉJÀ PLONGÉ?
NON …PAUL!! C'EST LA TOUTE PREMIÈRE FOIS ET JE…
OK!
METTEZ VOUS CE TUYAU DANS LA BOUCHE ET SUIVEZ MOI…
LE DESTIN EST EN MARCHE RIEN NE PEUT L'ARRÊTER…
C'EST COMME SI JE PLONGEAIS EN MOI…
FLIK FLOK FLIK FLOK FLIK
TOUT D'ABORD SABRINA ÉPROUVE UNE SENSATION DE FLOTTEMENT…
MON DIEU! QUE M'ARRIVE T'IL?

ET SOUDAIN, DANS LE MIROITEMENT STELLAIRE D'UNE MYRIADE DE SARDINES, UNE VISION LA SUBMERGE!
C'EST COMME SI JE VOYAIS DANS UNE BOULE DE CRISTAL!
AINSI C'EST DONC LUI!!! OH JE ...
LE CHOC EST TROP FORT POUR SABRINA QUI SOMBRE DANS LE NÉANT!
...NOUS RETROUVONS SABRINA DANS LA CAHUTE DE L'HOMME DE LATEX...
HUMPF! HUMPF!
OÙ SUIS JE? QUEL EST CE BRUIT?
OOHH! VOUS ÊTES DIRECT, PAUL...
ENFIN! VOUS M'AVEZ FAIT PEUR! LE DETENDEUR DE VOTRE BOUTEILLE S'EST MIS EN RIDEAU! ECOUTEZ, JE VOUS FACTURE LA BALLADE MOITIÉ PRIX ET ON N'EN PARLE PLUS OK?
DÉTENDEUR! DÉTENDEUR! ET ÇA C'EST UN DETENDEUR EN RIDEAU, PEUT-ÊTRE? NE VOUS RÉFUGIEZ PAS DERRIÈRE LES TERMES TECHNIQUES! JE VOIS EN VOUS COMME EN PLEIN JOUR PAUL!!
EUH... FAUT PAS VOUS FORMALISER MAM'ZEL... ÇA FAISAIT SI LONGTEMPS QUE JE N'AVAIS PAS TOUCHÉ QUELQU'UN QUE...
CHOP!
NON!!! MADEMOISELLE! LACHEZ ÇA!
JE.. JE VOUS OFFRE LA BALLADE MAIS JE VOUS EN PRIE, PARTEZ AVANT QU'IL NE SOIT TROP TARD!
L'AMOUR NE S'ACHÈTE PAS, PAUL...
SLAM!
TANT PIS! VOUS L'AUREZ VOULU!
LES ASTRES LE VEULENT PAUL... MOI JE NE SUIS RIEN...
CRAC!
OH PAUL! QUEL GOUMI!
T'INQUIÈTE PAS! ASTRA EST AVEC NOUS...
ASTRA
GAZ
AH BORDEL DE MERDE ÇA FAIT DU BIEN!!!
OH POPOPOPOPOPAUL!
L'IDYLLE EST SUR LE POINT DE SE NOUER QUAND...

HAN! HAN! HAN! HAN! HAN! HA HA
MON DIEU! PAUL! CES TACHES SUR TON TORSE!!! TU ES... UN SIDÉEN! ARRÊTE!!!
MAIS RENDU FOU PAR LA VIANDE HUMAINE LE MONSTRE CONTINUE SON ŒUVRE DE DESTRUCTION...
OÙ EST LE PAUL QUE J'AI CONNU?
ÉCHAPPANT À L'ÉTREINTE MORTELLE, SABRINA TROUVE L'ARME DE LA BÊTE...
GROUIIK!
PAUL, JE TE PRÉVIENS, IL NE PASSERA PAS PAR MOI!
IL FAUT APPRENDRE À VIVRE AVEC, PAUL ...
GROUIIIK!
MAIS LES PAROLES MAGIQUES NE PEUVENT RIEN CONTRE LA FURIE DU MONSTRE ET SABRINA EST CONTRAINTE D'ABRÉGER SES SOUFFRANCES...
MON DIEU PARDONNEZ LUI!
TCHAC!
AU GRAND
..ADIEU, PAUL.. TU AS TOUT GÂCHÉ
...ALORS SABRINA VA MÊLER SES LARMES À L'OCÉAN QUI SEUL PEUT PANSER SES PLAIES...
AVEC TOUTE L'IODE QU'IL Y A LA DEDANS, ÇA PEUT PAS FAIRE DE MAL...
...AVANT QUE LES ASTRES NE LUI CONSEILLENT DE NE PAS TROP TRAINER POUR QUITTER À TOUT JAMAIS MARINA PLAGE SI ELLE NE VEUT PAS ENTRER EN CONJONCTION AVEC LA CONSTELLATION DES PERDREAUX...
AU GRAND BLEU
TU PARLES D'UNE JOURNÉE! SATURNE A DU RENTRÉ BOURRÉ DANS LA MAISON DE VÉNUS, LUI METTRE LA TÊTE AU CARRÉ, CHIER PARTOUT ET SE TORCHER AUX RIDEAUX...
SABRINA SAURA-T'ELLE ENFIN RENCONTRER LE VÉRITABLE AMOUR? VOUS LE SAUREZ EN LISANT "SABRINA CONTRE LES HOMMES DES SABLES"
CRI CRI CRI CRI CRI CRI CRI CRI CRI CRI CRI CRI CRI CRI
ÉCOUTEZ FRANCIS! ON DIRAIT QUE LES GRILLONS CHANTENT POUR NOUS!
C'EST PAS LES GRILLONS, TU AS DU SABLE PLEIN LA RAIE...
Vuillemin

LES SPORTS DE L'EXTRÊME

JOURNA
L'EXPRESS
LE SEXE DES CADRES
LOVE
BUNNY
JOUIR MADAME
PORNO
SEXY
EX
MOTO JOURNAL
NO
SALOPES HEBDO
CUL EXTRA
SHAK
POMPE
SMUK
BLOUP
?
PORNO
SEXY
LOVE
SEX
ZIP

LOVE
SEX
LOVE
PORNO
?
LE FIGARO
PASQUA
SAUVERA-T-IL NOS ENFANTS DE L'ENFER DU SEXE ?
VAS TU LACHER CE MALHEUREUX, MAUDITE ?!
BON DIEU ! QU'ELLE EST GROSSE ! VIENS ! VIENS !
J'ARRIVE !
PAF !
SI TU VEUX PAS T'EN MANGER UNE DEUXIEME TU ME RANGES ÇA TOUT DE SUITE !!
?

Vuillemin

EN DIRECT DES ARMENIENS
Vuillemin

PARIS EN LIGNE!!!
...JE SUIS ACTUELLEMENT DEBOUT SUR CE QU'IL RESTE D'UNE MAISON PARMI TANT D'AUTRES OÙ SÛREMENT JADIS RÉSONNAIENT LES RIRES.. TOUT N'EST PLUS QUE RUINES ET SILENCE...
SFP

...À MES CÔTÉS SUR CES SINISTRES GRAVAS, CHARLES AZNAVOUR DONT LE FABULEUX NUMÉRO DE CLAQUETTES " DU GRISBI POUR L'ARMÉNIE" CARACOLE AU SOMMET DES CHARTS...
À LA TÊTE D'UNE MISSION HUMANITAIRE, LE ROSSIGNOL DU CAUCASE EST DE RETOUR PARMI LES SIENS...
UN MOT, CHARLES ?
..... UHHH ? UN MOT ? ÇA ME PARAIT LÉGER ...
?
PAR CONTRE UNE PETITE CHANSON ... HOP!
ÀÀÀ DIX HUIT ANNNS J'AI QUITTÉ MA PROVIIIIIINCEU
NOM DE DIEU!!! QU'EST CE QU'IL LUI PREND ?
LE COEUR LÉGER ET LE BAGAGEU MIIIINCEUU..
IL A VOULU GOÛTER AU BRUT ARMÉNIEN DE ROGER... ON DIRAIT QUE C'EST DU SÉVÈRE..
MERDE!
SFP
...AVEC LE VIEUX DÉCANILLÉ DANS LES GRAVAS MA COTE DOIT ÊTRE AU PLUS BAS!!!
AHEM!!! MONSIEUR CHARLES! HO!
ARMENIAAN KASATCHOK YEAH!!
ET RAN-TAN-PAN!
AÏIIIE!
TUMP! TUMP! TUMP!
?

BON SANG! C'EST MERVEILLEUX! LÀ! EN DIRECT! SOUS VOS YEUX! MES ACTIONS REMONTE... EUH IL Y A QUELQU'UN DE VIVANT!!!
?
ÏÏÏA
IL SUFFIT PARFOIS D'UNE CHANSON ♫
NOUS VIVONS UN FABULEUX MOMENT D'ÉMOTION! GRÂCE A VOUS CHARLES!
ARRÊTEZ VOS CONNERIES ET AIDONS CETTE PERSONNE!!!
SORTEZ DE LÀ DESSOUS, BRAVE ARMENIEN!
DEVANT CE MIRACLE LES MOTS ME ... MANQUENT ...
SNIF SNUF
?
CHARLES, ÇA SERAIT SYMPA QUE VOUS LUI DISIEZ DE DIRE "MERCI ANTENNE 2" ...
?
QU'EST CE QU'IL A DIT?
IL A DIT: À BAS L'IMPÉRIALISME SOVIÉTIQUE, VIVE L'ARMÉNIE LIBRE, CREVEZ TOUS, JE ME TIRE ...
PARIS DIT PAS DE POLITIQUE!!!
SFP
COURS DU JOUR
DOWN JONES: -1000
MERDES: +1000
ANPE: +1
EUH.. ET BIEN APRÈS CES QUELQUES MOTS DE REMERCIEMENT, NOTRE RESCAPÉ SE DIRIGE DE LUI MÊME VERS L'UNITÉ DE SOIN.. EUH.. MAIS EUH.. L'ÉQUIPE DE SECOURS EST DÉJÀ LÀ QUI S'APPRETE À LE PRENDRE EN CHARGE..
PIF! PAF! TAP!
ET... EUH LES SOINS SONT PRODIGUÉS À UNE RAPIDITÉ QUI LAISSE PANTOIS ET...?
QUOI ENCORE?
PAT PAT

QU'EST CE QU'IL VEUT, LUI ?
IL DIT QU'ON EST SUR LES RUINES D'UNE PRISON D'ETAT, QU'ON N'A RIEN À FOUTRE ICI ET IL VEUT UN STYLO POUR UN AUTOGRAPHE...
DITES-LUI QUE NOUS SOMMES EN DIRECT, QUE L'OEIL DU MONDE EST BRAQUÉ SUR LUI ET QUE S'IL ME TOUCHE ÇA VA FAIRE TRÈS MAL !!!
UNE MINUTE...
GRUNT
JE VOUS PRÉVIENS J'AI 36 POINTS AUDIMAT DE TEMOINS !
ÇA ÊTRE DIRRREKT DANS TON NOËL !
PNUMP !
À VOUS PARIS !
PASSER DES CHOSES PAREILLES ALORS QUE LES ENFANTS NE SONT PAS ENCORE COUCHÉS, C'EST DEPLORABLE !!!
METS PAS TES COUDES SUR LA TABLE !

LA DANSE DE LA CHENILLE
TA
TUUUT TUUT
BOM BOM
C'EST LA CHENILLE LA CHENILLE!
HI HI
HIHI HOUHOU HOU
TATA TSOIN
C'EST LA CHENILLE LA CHENILLE!
HAHA
HI HI HA
LA CHENILLE LA CHENILLE UH
HI HI HOHOHO
C'EST LA CHENILLE LA CHENILLE UH!
TSOIN TSOIN
HI HI HI HI
RAFFUT
HIHI
C'EST LA CHENILLE!
LA CHENILLE
C'EST LA CHENILLE LA CHENILLE
HI HI HA HA
C'EST LA CHENILLE LA CHENILLE UH
TSOIN
C'EST LA CHENILLE LA CHENILLE
HA HA
LA CHENILLE! LA CHENILLE!
HI HI HA
TA TA TSOIN

TIC TAC TIC TAC
PTT
PTT
PAN! PAN! PAN! PAN! PAN! PAN!
KAÏÏÏ
BLOB BLUB BLOUB BLUB BLOB
PIN PON PIN PON PIN PON
DANSE DE LA CHENILLE
C'EST LA CHENILLE QUI REDÉMARRE
TSOIN TSOIN

C'EST LAMENTABLE

Vuillemin

ROCK AGAINST LA TORTURE
ÇA VA?
OUAiiii
OCK AGAINST LA TORTURE
ÊTES VOUS POUR QU'ON TORTURE UN PEU PARTOUT DANS LE MONDE?
NOOON!
MA CHANSON EST DEDIÉE A TOUS CEUX QUI SOUFFRENT, ET S'INTITULE "IL FAUT QUE CELA CESSE" ...
OUAiiiii
NOOON!
ROCK AGAINST LA TORTURE
50 ARTISTES!!
LE DISQUE DE L'ANNÉE
Vuillemin

ALBERT ALGOUD ET VUILLEMIN PRESENTENT LES DOSSIERS DE L'HISTOIRE
ANDREE ET MARCELLE
LE DOUBLE ET DOULOUREUX VISAGE DE LA FRANCE
Y'A PAS UNE MEILLEURE EMISSION ?
TA GUEULE !
CROUUIII CRR BZZIIII CRR ICI LONDRES CRRRRP ICI LONDRES CROUI
SIGNAL
VOTRE MAISON EST REQUISITIONNÉE... VOUS LOGEREZ LE COLONEL HERMANN MENGELE !
GAND KARKHOV VARSOVIE BUDAPEST PARIS LYON KIEV DACHAU POISSY ORADOUR
... PORTÉE DEPUIS L'ENFANCE PAR SON TEMPÉRAMENT ROMANESQUE À ADMIRER LE LUXE, RÊVANT BLASON ET SANG BLEU, MARCELLE S'ABONNE À "L'ACTION FRANCAISE. VITE, ELLE TROUVE LES MONARCHISTES TROP MODÉRÉS, LEUR PRÉFÉRANT LES MILITANTS DU PPF... POUR SA PART, ANDRÉE S'ENTHOUSIASME POUR LE FRONT POPULAIRE... BRÛLANT DE SECOURIR LES REPUBLICAINS ESPAGNOLS, ELLE SE SERAIT ENGAGÉE DANS LES BRIGADES INTERNATIONALES SI SA SOEUR NE S'Y ÉTAIT OPPOSÉE... LA GUERRE, AU LIEU DE RAPPROCHER LES DEUX SIAMOISES EN UNE UNION SACRÉE CONTRE L'OCCUPANT, VA DRAMATIQUEMENT LES SÉPARER...

TRÈS VITE, ENTRE LE BEL OFFICIER ET MARCELLE UNE IDYLLE SE NOUE...
ANDRÉE! CE N'EST PAS LA PEINE DE TRAINER LA JAMBE!
C'EST MA JAMBE!
CRRRR!
HUMILIÉE PAR CET AMOUR POLITIQUEMENT PAS CLAIR, ANDRÉE DECIDE DE S'ISOLER...
EUH... TU SAIS HERMANN... EUH ANDRÉE A SES RÈGLES ET...
LE SANG NE ME FAIT PAS PEUR MARCELLE...
OHHH HERMANN!
CROUUIIII CROUIK! LOUP NOIR APPELLE DALHIA BLEU! CRRRR
ICI DALHIA BLEU RAPPELLE PLUS TARD, JE NE SUIS PAS SEULE...
CRROUIII CRRR... ICI LONDRES CRR... CRRR COUIIIINE CRAC. CRRR FRANÇAIS CRR
AH! AH! AAH! AH! AH AAAH! AAH! AHH
ACH! AH! ACH! ACH! AACH! AAACH! ACH!
CROUIC CROUIC CROUIC

OHHH! HERMANN!!! QUEL GROS SEXE!!!
JE SAIS MARCELLE...
EN TOUT CAS, COMPTEZ PAS SUR MOI POUR ME LAVER LE CUL...
?
ULTRA SECRET
ANDRÉE? OÙ VAS TUUU?
T'OCCUPE! JE VAIS FAIRE UN TOUR... DORS!
MAIS C'EST LE COUVRE FEU!!!
JE T'AI DIS DE DORMIR!
PIONCE PIONCE PIONCE
'ROUIK CROUIK CROUIK
C'EST VRAI QU'IL A UNE GROSSE BITE CE CON! J'AI TELLEMENT MAL AU CUL QUE JE PEUX PLUS PÉDALER...
MOT DE PASSE!
MEUH!

DAHLIA BLEU! ENTRE VITE!!!
RONFLE RONFLE RONFLE
ANDRÉE! JE SUIS CONTENT DE TE VOIR!
PLUS TARD, LOUP NOIR! J'AI MIS LA MAIN SUR CES DOCUMENTS! RECOPIEZ LES VITE!
BEAU TRAVAIL!!!
RESTE DONC BOIRE UN VERRE...
DÉSOLÉE! JE NE PEUX RESTER TROP LONGTEMPS DEHORS...
TA SOEUR NE SE DOUTE DE RIEN?
NE VOUS INQUIETEZ PAS... ELLE DORT...
TOUTES CES SORTIES NOCTURNES! C'ÉTAIT DONC ÇA! J'AI BIEN FAIT DE LA SUIVRE...
PRUDENCE ANDRÉE!
Z
UNE TAUPE DE LONDRES DANS MON LIT!!! SI HERMANN SAVAIT ÇA!
MARCELLE! À QUI ÉCRIS-TU?
MA VIE PRIVÉE NE TE REGARDE PAS, ANDRÉE... DORS!
ACH! LES FEMMES! CH'AIMERAIS TORMIR DRANQUILLE!

NOUS AVONS REÇU UNE LETTRE INTERESSANTE COLONEL ...
KOMMANDANTUR
" MESSIEURS ET CHERS ALLEMANDS,
JE VIENS VOUS RENDRE COMPTE DES AGISSEMENTS TROUBLES DE LA NOMMÉE ANDRÉE.. CETTE FEMME VISITE NUITAMMENT DES REFRACTAIRES ET DES COMMUNISTES. ELLE PREND LONDRES SUR SON POSTE ET NE CESSE DE BAFOUER LES AUTORITÉS ALLEMANDES ET SURTOUT LES OFFICIERS SS. MAIS IL Y A PLUS GRAVE : ELLE EST JUIVE. IL SUFFIT DE LA REGARDER DE PROFIL POUR S'EN RENDRE COMPTE.
J'ESPÈRE QUE VOUS PRENDREZ CES QUELQUES MOTS EN CONSIDERATION ET JE RESTE À LA DISPOSITION DE VOS SERVICES POUR UNE ACTIVE COLLABORATION.
UNE ADMIRATRICE ANONYME
P.S: ANDRÉE VIT AVEC SA SOEUR MARCELLE QUI ELLE EST UNE VRAIE ARYENNE
DRING!
GESTAPO! MADEMOISELLE ANDRÉE, C'EST VOUS?
HA NON.. C'EST ELLE... EUH POURQUOI?
VOUS ALLEZ NOUS SUIVRE MADEMOISELLE ANDRÉE...
JE VOUS INTERDIS DE ME TOUCHER!
MARCELLE! C'EST TOI QUI M'A DENONCÉE!
L'AMOUR NE S'ACCOMMODE PAS DU COMMUNISME, ANDRÉE.
...ET SUR CES PAROLES SIBYLLINES, MARCELLE VOIT SANS REMORD SA SOEUR S'ÉLOIGNER VERS SON TRAGIQUE DESTIN...

CHIENNE! TU VAS PARLER?
EXCUSE MON LANGAGE MARCELLE...
SALE PUTAIN!
PAILLASSE À COMMUNISTES!
COGNEDUR COGNEDUR
...TU NE DEVRAIS PAS REGARDER... CE N'EST PAS UN SPECTACLE POUR UNE FEMME...
BLU BLU BLUB
NE TE TORTURE PAS POUR MOI HERMANN...
MARCELLE NE PARLERA PAS. RIEN N'Y FAIT, ACCROCHÉE PAR LES PIEDS, PASSÉE À LA GEGÈNE, VIOLÉE À PLUSIEURS REPRISES ET PAR DEVANT ET PAR DERRIÈRE, SON MUTISME TRANSFORME LA VIE DE SES BOURREAUX EN UN ENFER... LES GESTAPISTES DÉCIDENT DE L'ENVOYER À DACHAU, QUAND HERMANN INTERVIENT POUR QU'ON LA LIBÈRE... POUR ANDRÉE, L'ÉPOQUE DE L'HUMILIATION COMMENCE... ELLE EST OBLIGÉE DE PORTER LE PYJAMA ÉTOILÉ, ALORS QUE MARCELLE S'ENFONCE À CORPS PERDU DANS LE LUXE ET LA DÉCADENCE DU REICH.
MENU
HÉLAS LES BONNES CHOSES ONT UNE FIN...
EXCUSE MOI MARCELLE JE NE SAIS PAS CE QUI M'ARRIVE... ÇA DOIT ÊTRE LA PROXIMITÉ DES AMÉRICAINS...
?
CE N'EST PAS GRAVE HERMANN...
C'EST LE MOMENT!

HERMANN! MON HERMANN!
LA FARCE EST TERMINÉE, MARCELLE! MAINS EN L'AIR!
DEHORS, COMME ANDRÉE LA VILLE A RETROUVÉ SA DIGNITÉ
HERMANN! CHIALE MEUH BUA BUA
TU VAS VOIR TA GUEULE...
...C'EST POUR MA SOEUR. VOUS LUI DÉGAGEZ BIEN TOUT...
COIFFURE
AU CHIC PARISIEN
PEU M'IMPORTE L'HUMILIATION. JE PORTE EN MOI L'ENFANT DE L'AMOUR
LES ANNÉES ONT PASSÉ... GRÂCE À SON ACTION DURANT LA RÉSISTANCE, ANDRÉE A TROUVÉ UN POSTE DE DIRECTRICE LITTÉRAIRE DANS UN GRAND QUOTIDIEN. TRÈS VITE, ELLE EST DEVENUE L'ÉGÉRIE D'UN CERTAIN MILIEU INTELLECTUEL... QUANT À MARCELLE, MALGRÉ L'HOSTILITÉ D'ANDRÉE, ELLE A PU SE FAIRE EMBAUCHER PAR LE MÊME QUOTIDIEN, DONT ELLE NETTOIE LES LOCAUX LA NUIT... LE CŒUR BRISÉ, ELLE A HÉLAS SOMBRÉ DANS L'ALCOOLISME...
DE MON TEMPS AU MOINS C'ÉTAIT DES HOMMES...
FINI!

KOLOSSALE FINESSE

NON, ELLE EST DEHORS JE SUIS EN TRAIN DE PISSER ...
Vuillemin

30 MILLIONS D'ENNEMIS

?
SAGE TOBY! TU METS DE L'EAU PARTOUT!
SAAAAAGE LÀ!
ALLEZ HOP! VA CHERCHER!
PLOUF
PLOUF

?
PLOUF
RDE!!!
MMÈÈÈEEE
À L'AIDE!
BLUP
BLOP
BLOUK

BON! LA PROMENADE EST FINIE, ON RENTRE À LA MAISON...
POMP!
ALORS?
ALORS RIEN
AU DERNIER MOMENT, J'AI PENSÉ AU GAMIN ET JE SUIS ALLÉ LE REPÊCHER...
SOIS T'ES TROP BON, SOIT T'ES TROP CON...
KLUNK
Vuillemin

BAR DES AMIS
PMU
SAMU
LA HAGUE
TRANSPORT D'ENFANTS
POLICE
RESERVOIR MUNICIPAL

CAMPING DU BONHEUR
COMPLET
Cie ROUE Bouglione
SNCF
VOTEZ CHIRAC
PENSIONNAT DES OISEAUX
CHERIE, SI ON ME DEMANDE SURTOUT TU NE SAIS PAS OÙ JE SUIS ....

MAGIE NOIRE CONTRE MAGIE BLANCHE.

Vuillemin

SABRINA ET LES HOMMES EN BLANC

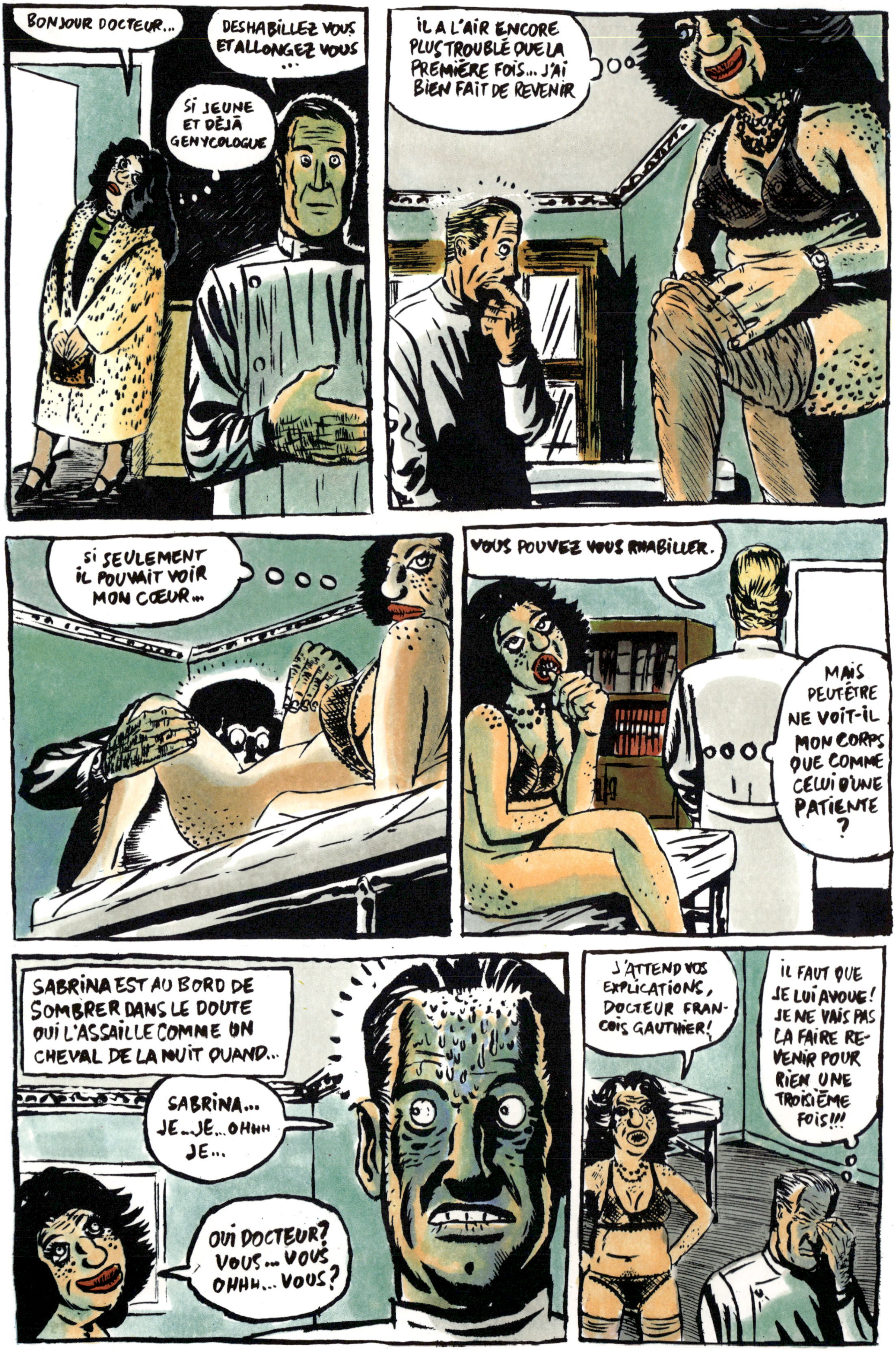
BONJOUR DOCTEUR...
DESHABILLEZ VOUS ET ALLONGEZ VOUS ...
SI JEUNE ET DÉJÀ GENYCOLOGUE
IL A L'AIR ENCORE PLUS TROUBLÉ QUE LA PREMIÈRE FOIS... J'AI BIEN FAIT DE REVENIR
SI SEULEMENT IL POUVAIT VOIR MON CŒUR...
VOUS POUVEZ VOUS RHABILLER.
MAIS PEUTÊTRE NE VOIT-IL MON CORPS QUE COMME CELUI D'UNE PATIENTE ?
SABRINA EST AU BORD DE SOMBRER DANS LE DOUTE QUI L'ASSAILLE COMME UN CHEVAL DE LA NUIT QUAND...
SABRINA... JE.. JE.. OHHH JE...
OUI DOCTEUR? VOUS... VOUS OHHH... VOUS?
J'ATTEND VOS EXPLICATIONS, DOCTEUR FRANCOIS GAUTHIER!
IL FAUT QUE JE LUI AVOUE! JE NE VAIS PAS LA FAIRE REVENIR POUR RIEN UNE TROISIÈME FOIS!!!

QUE DIRIEZ VOUS DE DINER AVEC MOI CE SOIR?
JE NE ME TROMPAIS PAS!!!
VOUS ÊTES DIRECT DOCTEUR!
ACCEPTEZ VOUS, SABRINA?
MALGRÉ LA JOIE QUI L'ENVAHIT, SABRINA NE PEUT S'EMPECHER D'ETRE CYNIQUE...
VOUS DITES ÇA À TOUTES VOS PATIENTES DOCTEUR?
VOUS ÊTES LA PREMIÈRE, SABRINA...
ALORS À CE SOIR... DOCTEUR FRANCOIS GAUTHIER! ET NE M'EN VEUILLEZ PAS SI PARFOIS JE SUIS CYCLISTE..
?
LE SOIR, AU RESTAURANT LE PLUS CHIC DE LA VILLE...
QUEL ENDROIT MAGIQUE!
PIZZA PINO
ENCORE UN PEU DE CHAMPAGNE, SABRINA?
OH NON! J'AI DÉJA TROP BU, DOCTEUR FRANCOIS GAUTHIER!

C'EST LE MOMENT...
C'EST LE MOMENT...
SABRINA... VOUS ÊTES LA PREMIÈRE À QUI JE DIS ÇA... JE DOIS VOUS AVOUER QUELQUE CHOSE...
MOI AUSSI DOCTEUR ...
J'AI COMPRIS LA PREMIÈRE FOIS OÙ L'ON S'EST VU... VOUS COMPTEZ SANS L'INTUITION FÉMININE, DOCTEUR...
AINSI VOUS SAVIEZ! VOUS AVEZ DU ME TROUVER BÊTE!
VOTRE CANCER A ATTEINT LE STADE ULTIME IL FAUT IMMÉDIATEMENT PROCÉDER À UNE ABLATION GÉNÉRALE...
PROUÂÂÂ
JE DEMANDE L'ADDITION ET J'APPELLE UNE AMBULANCE...
LE LENDEMAIN, DANS L'HÔPITAL LE PLUS CHIC DE LA VILLE...
SABRINA! RÉVEILLEZ VOUS, C'EST FINI!

VOUS N'AVEZ RIEN SENTI?
VOUS ETIEZ TRÈS BIEN!
IL A L'AIR SI JEUNE ....
VEUILLEZ NOUS LAISSER SEULS, INFIRMIER!
...ET POURTANT IL EST SI SÛR DE LUI...
SABRINA... EUH... JE... JE... JE...
MÊME AFFAIBLIE, SABRINA NE PEUT S'EMPECHER D'ESQUISSER UN SOURIRE CYNIQUE
QUE DIRIEZ VOUS SI JE VENAIS MANGER MON PLATEAU REPAS AVEC VOUS, CE MIDI?
VOUS ÊTES DIRECT, DOCTEUR PAUL THIBAULT!
VOUS DITES CA À TOUTES VOS PATIENTES, DOCTEUR?
VOUS ÊTES LA PREMIÈRE SABRINA...
SABRINA VA-T-ELLE ENFIN RENCONTRER LE VERITABLE AMOUR? VOUS LE SAUREZ EN LISANT "L'ENTERREMENT DE SABRINA"

ÇA S'ARROSE

ET MON LINGE QU'EST SUR LE FIL...

SACRÉ YANNICK !

CHEZ LES ANIMAUX
PETITS PETITS PETITS!
PAN!
TENEZ! ILS SONT POUR VOUS ...
?
BRÔÔO
BURP

QU'ESTCE QU'UNE JOLIE BICHE COMME VOUS S'ÉGARE DONC T'ELLE DANS CES CONTRÉEEEES BURP
BRÔÔÔ
AAAAAATENTION!
KPAM!
QUE DE BEAUTÉ! BRÔÔÔ REGARDEZ! AVEC ÇA DANS LE CUL VOUS SEREZ PLUS BELLE QUE TOUTES LES FILLES DU "LIDO"
ASSASSIN! ASSASSIN!
YORK!
YORK
GROUIK GROUIK
UN MONSTRE CRIMINEL! VOILÀ CE QUE VOUS ÊTES! GLOUP! GLOP!
?! HAAAVOUS ÊTES UNE DE CES ÉCOLOGISTES!? MADAME VOUS INSULTEZ UN PRÉDATEUR NA-TU-REL!

VOUS AUTRES QUI VOUS NOURRISSEZ DE SALADES SAVEZ VOUS QUE LE LAPIN SE NOURRIT DE SALADES? SI JE NE TUE PAS LE LAPIN VOUS NE MANGEZ PLUS ET VOUS DIS-PA-RAI-SSEZ!
?
C'EST CE QU'ON APPELLE L'EQUILIBRE NATUREL... ÇA BROOO ÇA MERITE BIEN UN PETIT QUELQUE CHOSE... BRUP
ON PETIT BAISER N'A JAMAIS FILÉ LA MIXOMATOSE ET JE... OUGH PAIN!
NE ME TOUCHEZ PAS!!!
ET BIEN GARDE LE, TON TROU POURRI!!! J'EN FAIS TANT QUE J'EN VEUX MOI DES TROUS! TIENS TIENS! TIENS! TIENS!

C'EST ÇA! BARRE TOI! RETOORNE BRANLER TES BALEINES! MAIS NE PARLE PAS D'AMOUR DE LA NATURE!
AMOUR DE LA NATURE... BRÔÔÔ
SAAAALooope!
... BURP
TIENS! PREND ÇA! HUUU! C'EST PAS DE L'AMOUR ÇA! GLOB! ET ÇA! HAAAN! HUU HOOA
SAAAAALOOOOOOOPE!
BRUP.
CLAC!
ET QUAND ON SAIT PAS SUCER, ON LA RAMÈNE PAS!
?

L'ANGLAIS FACILE

LE MONDE MAGIQUE DE L'ENFANCE
MAMAN ! REGARDE !!! C'EST CHANTAL CHANTAL, L'AMIE DES PETITS ANIMAUX DE LA FORET !
LA POSTE
MERDE !
PTT
ENVOI DES MANDATS
Vuillemin
MON DIEU ! C'EST VRAI ! VA DONC LUI DIRE BONJOUR !
MERDE DE MERDE DE MERDE
BONJOUR CHANTAL !
JE M'APPELLE PIPO ! TU AS QUITTÉ LA FORET POUR VENIR À LA POSTE ?
OUI PIPO ! J'ENVOIE UN MANDAT À MON AMI BAMBI...
PIPO ! NE TIRE PAS SUR SES POILS !

IL T'A, DONNÉ SA PEAU? HUUUU..!
EXCUSEZ LE! IL VOUS AIME TANT! EUHG..
IL EST MIGNON!
SNIFF SNURF
EUH...
NOUS AVONS VU VOTRE SPECTACLE C'ÉTAIT FEERIQUE SURTOUT QUAND Y'A LA FÉE ET JE EUH.. JE... JE...
QUE PERSONNE NE BOUGE!
?
SNURF?
C'EST UN HOLD-UP!
MICKEY! DONALD! DINGO!
WOOF! WOOF! WIF! GRRR...
ELLE EST LÀ!!! VOTRE AMIE! ELLE EST LÀ!
?
PIPO! VIENS ICI!
BAF!
FAIS PAS CHIER PETIT! JE TRAVAILLE!
SALAUD!! VOUS VENEZ DE BRISER LES REVES D'UN ENFANT!
JE VOUS EN PRIE! NE DISCUTEZ PAS! CE SONT DES BÊTES FAUVES!
ENCULÉ MICKEY!
VOUS LES GROGNASSES CALMEZ VOUS ET SURVEILLEZ VOTRE MARMOT!
C'EST PAS LE MIEN!
MAIS NON, MICKEY N'EST PAS UN ENCULÉ! CHANTAL VA TOUT ARRANGER, CE SONT SES AMIS! NE PLEURE PLUS!
MEUH!

?
DIS DONC, TOI? ON S'EST PAS DÉJÀ RENCONTRÉ?
ÇA M'ÉTONNERAIT...
?
MAIS SI, DINGO! DANS LA FORÊT MAGIQUE! C'EST CHANTAL CHANTAL!
NOM DE DIEU! VENEZ VOIR QUI EST LÀ LES GARS!
OH PUTAIN! CHAQUE FOIS QUE MON GAMIN MET UN DE SES DISQUES, J'AI ENVIE DE LA VIOLER!
UN CANARD SUR UNE MORUE ÇA DOIT PAS ÊTRE JOLI À VOIR! HIHIHI
HAHA T'ES CON ROGER!
NE ME TOUCHEZ PAS!
COIN COIN
T'AVAIS RAISON MAMAN! TOUT S'ARRANGE! ILS SE CARESSENT!
EUH OUI MAIS NE T'APPROCHE PAS...
DRIIIIING!
EUG... C'EST... C'EST POUR VOUS... VOUS PRENEZ MONSIEUR MICKEY?
?
ARRÊTEZ VOS CONNERIES VOUS DEUX!
POLICE! LE QUARTIER EST BOUCLÉ! RENDEZ VOUS SANS FOUTRE DE BORDEL!
QUI C'EST?
C'EST WALT DISNEY CONNARD! DEHORS Y'A DES POULETS PARTOUT!!!
C'EST PLUS UN HOLD UP C'EST UNE BASSE COUR... PAS DE PANIQUE, ON VA S'EN SORTIR...
DEMANDE LEUR UNE BAGNOLE! DIT LEUR QU'ON EMBARQUE UN MARMOT ET LA REINE DES ANIMAUX...
JE NE BOUGERAI PAS D'ICI! JACK LANG NE SERA PAS D'ACCORD!
JE VIENS AVEC VOUS?
TOI LA PÉTASSE, TU VAS NOUS SUIVRE À COUP DE GODASSE MAGIQUE DANS LE CUL!
BAF!
AVEC CHANTAL? QUEL BOL!
LAISSEZ MOI MON ENFANT!
BAF!
DÉSOLÉ MAMAN TU NE PEUX PAS COMPRENDRE...

A L'OLYMPIA
CHANTAL CHANTAL
ET SES AMIS!
PTT
C'EST LE PLUS BEAU JOUR DE MA VIE!
...ET ALORS ILS NOUS ONT EMMENÉS DANS LA FORÊT, ET PUIS MICKEY S'EST TRANSFORMÉ EN BABAR L'ELEPHANT! C'ETAIT MAGIQUE! IL EST ALLÉ CARESSER LES POILS DE CHANTAL DERRIERE UN ARBRE ET PUIS ILS ONT DISPARU COMME PAR ENCHANTEMENT!
...MAIS AVANT DE PARTIR, MICKEY M'A DONNÉ LE MOUCHOIR DE CHANTAL...
JE T'EN PRIE, ARRÊTE ÇA!
MOI JE TROUVE PLUTOT QUE CA FAIT UNE BONNE PUB... Y'AURA MEME DES ADULTES POUR VENIR TE VOIR..
COMMENT PEUX TU ME PARLER DE PUB ALORS QUE JE SOUFFRE AU PLUS PROFOND DE MON ÊTRE?
BON D'ACCORD! TU AS MAL AU CUL! MAIS LES ENFANTS, CA NAIT PAS DANS LES CHOUX...
TU ES IGNOBLE!

Cet album a été achevé d'imprimer
en février 1997
sur les presses de l'imprimerie POLLINA
à Luçon
pour la SEFAM

N° d'édition : 16390
Dépôt légal : février 1997
N° d'impression : 71565